BEI GRIN MACHT SICH IHR WISSEN BEZAHLT

AF125114

- Wir veröffentlichen Ihre Hausarbeit,
  Bachelor- und Masterarbeit

- Ihr eigenes eBook und Buch -
  weltweit in allen wichtigen Shops

- Verdienen Sie an jedem Verkauf

Jetzt bei www.GRIN.com hochladen
und kostenlos publizieren

GRIN

Bibliografische Information der Deutschen Nationalbibliothek:

Die Deutsche Bibliothek verzeichnet diese Publikation in der Deutschen National-bibliografie; detaillierte bibliografische Daten sind im Internet über http://dnb.d-nb.de/ abrufbar.

Impressum:

Copyright © 2017 GRIN Verlag
Druck und Bindung: Books on Demand GmbH, Norderstedt Germany
ISBN: 9783668889828

Dieses Buch bei GRIN:

https://www.grin.com/document/455389

Lukas Waltenrath

Trainingsplanung für einen Studenten. Diagnose, Zielsetzung/Prognose und Mesozyklus

GRIN Verlag

GRIN - Your knowledge has value

Der GRIN Verlag publiziert seit 1998 wissenschaftliche Arbeiten von Studenten, Hochschullehrern und anderen Akademikern als eBook und gedrucktes Buch. Die Verlagswebsite www.grin.com ist die ideale Plattform zur Veröffentlichung von Hausarbeiten, Abschlussarbeiten, wissenschaftlichen Aufsätzen, Dissertationen und Fachbüchern.

Besuchen Sie uns im Internet:

http://www.grin.com/

http://www.facebook.com/grincom

http://www.twitter.com/grin_com

Inhaltsverzeichnis

1 Diagnose

1.1 Allgemeine und biometrische Daten

Tab. 1: Allgemeine und biometrische Daten (eigene Darstellung)

Alter	23 Jahre
Geschlecht	männlich
Körpergröße	186 cm
Körpergewicht	86 kg
Trainingsmotive	Körperformung, Herz-Kreislauftraining
Berufliche Tätigkeit	Dualer Student (Fitnessstudio)
Aktuelle sportliche Aktivitäten	Krafttraining → Seit 2 Jahren 5x wöchentlich für bis zu 2h
Frühere sportliche Aktivitäten	Taekwondo → Vor 8 Jahren für 2 Jahre 2x wöchentlich jeweils ca. 2h
Zeitlicher Verfügungsrahmen	3x wöchentlich bis zu 90 Minuten
Blutdruck	139/86 mmHg
Ruhepuls	78 S/min
Allgemeiner Gesundheitszustand	Raucher
Body-Mass-Index	24,9

Der Blutdruck der oben aufgeführten Person befindet sich im hochnormalen Bereich (vgl. Abb. 1: Blutdruckklassifikation der American Heart Association (modifiziert nach Mancia et al., 2013, S. 1286), der Ruhepuls liegt zwischen 60 und 80 Schlägen pro Minute und somit in der Norm (Weineck, 2003, S. 50). Der BMI liegt mit 24,9 ebenfalls im Normbereich (vgl. Abb. 2: Beurteilung des Body-Mass-Indexes für Erwachsene . Die Person befindet sich in einem tadellosen gesundheitlichen Zustand. Somit bedarf es keinerlei Medikamente und keiner ärztlichen Behandlung. Die Person raucht ca. 3 Zigaretten am Tag.

Bewertungs- stufen	systolischer Blutdruck	diastolischer Blutdruck
Normblutdruck (Normotonie)		
optimal	unter 120 mmHg	unter 80 mmHg
normal	unter 130 mmHg	unter 85 mmHg
hochnormal	130-139 mmHg	85-89 mmHg
Bluthochdruck (arterielle Hypertonie)		
Stufe 1	140-159 mmHg	90-99 mmHg
Stufe 2	160-179 mmHg	100-109 mmHg
Stufe 3	> 180 mmHg	> 110 mmHg

Abb. 1: Blutdruckklassifikation der American Heart Association (modifiziert nach Mancia et al., 2013, S. 1286)

Klasse	BMI (kg/m^2)
Untergewicht	< 18,5
Normalgewicht	18,5-24,9
Übergewicht	25,0-29,9
Adipositas Grad I	30,0-34,9
Adipositas Grad II	35,0-39,9
Adipositas Grad III	> 40

Abb. 2: Beurteilung des Body-Mass-Indexes für Erwachsene (World Health Organization, 2000)

1.2 Leistungsdiagnostik/Ausdauertestung

Mit der in Tab. 1: Allgemeine und biometrische Daten (eigene Darstellung) vorgestellten Person wird der sogenannte IPN-Test mit anschließendem Hollmann- und Venrath-Test durchgeführt.

Zuallererst wird mithilfe des IPN-Tests die Zielherzfrequenz der Person ermittelt (IPN, 2004, S. 15). Diese beträgt unter Berücksichtigung der Schemata zur Ruheherzfrequenz und ausdauerrelevanter Aktivität (vgl. Abb. 3: Voreinstufung nach Ruheherzfrequenz und Lebensalter unter zusätzlicher Berücksichtigung ausdauerrelevanter Aktivitäten (modifiziert nach Trunz, 2001, S. 4) 145 S/min.

Alter/ Hf$_{Ruhe}$	< 20	20-29	30-39	40-49	50-59	60-69	> 70
< 50	140 S/min	135 S/min	130 S/min	125 S/min	115 S/min	110 S/min	105 S/min
50-59	145 S/min	140 S/min	135 S/min	125 S/min	120 S/min	115 S/min	110 S/min
60-69	145 S/min	145 S/min	135 S/min	130 S/min	125 S/min	120 S/min	115 S/min
70-79	150 S/min	145 S/min	140 S/min	135 S/min	130 S/min	125 S/min	120 S/min
80-89	155 S/min	150 S/min	145 S/min	140 S/min	135 S/min	125 S/min	125 S/min
> 90	160 S/min	155 S/min	150 S/min	145 S/min	135 S/min	130 S/min	125 S/min

Trainingszustand	Trainingshäufigkeit/ Woche	Stunden/ Woche	Pulsaufschlag
kein Ausdauertraining	kein einziges Mal	0 Stunden	kein Aufschlag
wenig Ausdauertraining	1-2-mal	≤ 1 Stunde	kein Aufschlag
moderates Ausdauertraining	2-3-mal	1-2 Stunden	plus 5 S/min
viel Ausdauertraining	3-4-mal	2-4 Stunden	plus 10 S/min
sehr viel Ausdauertraining	> 4-mal	> 4 Stunden	plus 15 S/min

Abb. 3: Voreinstufung nach Ruheherzfrequenz und Lebensalter unter zusätzlicher Berücksichtigung ausdauerrelevanter Aktivitäten (modifiziert nach Trunz, 2001, S. 4)

Mithilfe dieser Zielherzfrequenz ist eine Voreinstufung für den nachfolgend geplanten Test möglich, außerdem dient sie als Pulsobergrenze und bietet somit ein individuelles Abbruchkriterium.

Der Hollmann-Venrath-Test wurde ausgewählt, weil er sich für durchschnittlich bis gut trainierte Personen, denen eine Mindestbelastbarkeit von 150 Watt zugetraut werden kann, besonders eignet.

Tab. 2: Radergometertest (eigene Darstellung)

Testform: Hollmann-Venrath-Test	Stufendauer: 3 Minuten	Pulsobergrenze: 145 S/min	Gewicht: 86 kg
	Belastungssteigerung: 40 Watt	Abbruchgrenze: 145 S/min	Ruhepuls: 78 S/min
Eingangsbelastung: 30 Watt	Trittfrequenz: 60 – 80 U/min		Blutdruck: 139/86 mmHg
Eingangstest			
Zeit	Wattstufe	Hf 1	Hf 2	Hf 3
1. – 3. Minute	Stufe 1: 30 Watt	85	89	90
4. – 6. Minute	Stufe 2: 70 Watt	91	85	94
7. – 9. Minute	Stufe 3: 110 Watt	91	95	95
10. – 12. Minute	Stufe 4: 150 Watt	100	106	109
13. – 15. Minute	Stufe 5: 190 Watt	105	115	120
16. – 18. Minute	Stufe 6: 230 Watt	125	142	146
Gesamtleistung	$\dfrac{230 \text{ Watt}}{86 \text{ kg}} = 2{,}67 \text{ Watt/kg Körpergewicht}$			
Bewertung nach Normwerttabelle	Die Testperson hat insgesamt 6 Belastungsstufen vollständig durchfahren. Nach 18 Minuten wurde der Test bei 230 Watt aufgrund des Erreichens der Pulsober-			

grenze von 145 S/min abgebrochen. Auf das Körpergewicht bezogen ergibt sich daraus eine relative Wattleistung von 2,67 Watt/kg Körpergewicht. Daraus ergibt sich eine knapp über dem Durchschnitt liegende Ausdauerleistungsfähigkeit für unsere Testperson (vgl. Abb. 4).

Alter / Intensität	< 30	30-34	35-39	40-44	45-49	50-54	55-59	> 60	Bewertung
0,50	1,45	1,38	1,31	1,23	1,16	1,09	1,02	0,94	☺☺
0,51	1,50	1,43	1,35	1,28	1,20	1,13	1,05	0,98	☺☺
0,52	1,55	1,47	1,40	1,32	1,24	1,16	1,09	1,01	☺☺
0,53	1,60	1,52	1,44	1,36	1,28	1,20	1,12	1,04	☺☺
0,54	1,65	1,57	1,49	1,40	1,32	1,24	1,16	1,07	☺☺
0,55	1,70	1,62	1,53	1,45	1,36	1,28	1,19	1,11	☺
0,56	1,75	1,66	1,58	1,49	1,40	1,31	1,23	1,14	☺
0,57	1,80	1,71	1,62	1,53	1,44	1,35	1,26	1,17	☺
0,58	1,85	1,76	1,67	1,57	1,48	1,39	1,30	1,20	☺
0,59	1,90	1,81	1,71	1,62	1,52	1,43	1,33	1,24	☺
0,6	2,00	1,90	1,80	1,70	1,60	1,50	1,40	1,30	Ø
0,61	2,20	2,09	1,98	1,87	1,76	1,65	1,54	1,43	Ø
0,62	2,40	2,28	2,16	2,04	1,92	1,80	1,68	1,56	Ø
0,63	2,60	2,47	2,34	2,21	2,08	1,95	1,82	1,69	☹
0,64	2,80	2,66	2,52	2,38	2,24	2,10	1,96	1,82	☹
0,65	3,00	2,85	2,70	2,55	2,40	2,25	2,10	1,95	☹
0,66	3,20	3,04	2,88	2,72	2,56	2,40	2,24	2,08	☹☹
0,67	3,40	3,23	3,06	2,89	2,72	2,55	2,38	2,21	☹☹
0,68	3,60	3,42	3,24	3,06	2,88	2,70	2,52	2,34	☹☹
0,69	3,80	3,61	3,42	3,23	3,04	2,85	2,66	2,47	☹☹
0,70	4,00	3,80	3,60	3,40	3,20	3,00	2,80	2,60	☹☹

Abb. 4: Normtabelle für submaximale Radergometertests – Relative Watt-Soll-Leistung (Watt pro kg) bei Männern (modifiziert nach IPN, 2004, S. 8)

1.3 Gesundheits- und Leistungsstatus der Person

Das Alter hat großen Einfluss auf die Leistungsfähigkeit einer Person, denn ab dem 30. Lebensjahr sinkt die Ausdauerleistungsfähigkeit jährlich um etwa 1%, da der in Tab. 1 beschriebene Kandidat allerdings erst 23 ist, kann man sagen, dass dieser, das Alter betreffend, voll leistungsfähig ist. Durch sein noch junges Alter ist er bisher auch unbetroffen von jeglichen Erkrankungen seitens des Herz-Kreislaufsystems.

Der Ruhepuls liegt zwar im Normbereich (Weineck, 2003, S. 50), ist mit 78 S/min aber schon sehr hoch, dies ist vermutlich auf die bisher fehlende spezielle Ausdauerbelastung im Training zurückzuführen. Der Kunde ist also auch was den Ruhepuls betrifft momentan voll belastbar, sollte das Ausdauertraining zukünftig aber auf jeden Fall in sein Trainingsprogramm einbauen.

5

Um das Herz-Kreislaufsystem optimal einschätzen zu können, ist es unerlässlich den Blutdruck des Kunden zu messen, mit 139/86 mmHg liegt dieser im hochnormalen Bereich (vgl. Abb. 1) und birgt somit ein Risiko für Herz-Kreislauferkrankungen. Damit dieser nicht weiter steigt, ist die Aufnahme eines Ausdauertrainings unabdingbar und sollte schnellstmöglich erfolgen. Da der Blutdruck aber noch nicht im kritischen Bereich liegt, bleibt der Kunde belastbar, solange man den Blutdruck regelmäßig protokolliert.

Auch Übergewicht beherbergt ein gewisses Risiko an Herz-Kreislauferkrankungen zu erkranken, da sich die in Tab. 1 vorgestellte Person aber im Normbereich befindet (vgl. Abb. 2), ist dies zu vernachlässigen, das heißt die Person ist dahingehend voll belastbar.

Der Kunde bringt außerdem keinerlei Vorerkrankungen mit sich und bleibt dementsprechend belastbar. Somit sind auch keine Medikamente, die die Ausdauerleistungsfähigkeit beeinflussen könnten von Nöten.

Da der Kunde seit 2 Jahren fünfmal wöchentlich Krafttraining betreibt, kann man darauf schließen, dass er relativ fit ist, auch wenn er bisher kein spezielles Ausdauertraining betreibt. Außerdem war der Kunde auch früher schon sportlich aktiv.

2 Zielsetzung/Prognose

Tab. 3: Zielsetzung (eigene Darstellung)

Inhalt	Ausmaß	Zeit	Begründung
Fettverbrennung	minus 6 kg	In 12 Wochen	Die in Tab. 1: Allgemeine und biometrische Daten (eigene Darstellung) vorgestellte Person gibt als Trainingsmotiv die Körperformung an. Die durch das Krafttraining antrainierten Muskeln sollen jetzt zum Vorschein gebracht werden. Außerdem dient eine Gewichtsreduktion der besseren Einstufung in dem in Tab. 2: Radergometertest (eigene Darstellung) vorgestellten Radergometertest.
Blutdrucksenkung / Ruhepulssenkung	Unter 130/85 mmHg und unter 70 S/min	In 12 Wochen	Ein weiteres Motiv des Probanden ist das Herz-Kreislauftraining. Da sich sein Blutdruck momentan im hochnormalen Bereich befindet, liegt es nahe diesen zu senken, sodass er in den normalen Bereich rutscht,

			was ab einem Wert von unter 130/85 mmHg der Fall ist (vgl. Abb. 1: Blutdruckklassifi-kation der American Heart Association (modifiziert nach Mancia et al., 2013, S. 1286)). Der Ruhepuls liegt zwar noch im Normbereich (Weineck, 2003), befindet sich aber an der oberen Grenze und könnte dem-nach deutlich geringer ausfallen. Insgesamt sollte dadurch die Pulsobergrenze des Rad-ergometertests (vgl. Tab. 2: Radergome-tertest (eigene Darstellung)) nicht so schnell erreicht werden, sodass kein Ab-bruch des Tests erfolgt.
Verbesserung im Hollmann-Venrath-Test	Steigerung der Watt-leistung im submaxi-malen Fahrradergome-tertest von 2,67 Watt/kg Körpergewicht auf 3,37 Watt/kg Kör-pergewicht	In 12 Wochen	Um die Verbesserung messbar zu machen, sollte ein Re-Test durchgeführt werden. Nimmt die Person die angestrebten 6 kg ab und durchfährt im Re-Test die 7. Belas-tungsstufe von 270 Watt ohne seine Puls-obergrenze zu erreichen, hat sie automatisch den Wert von 3,37 Watt/kg Körpergewicht erreicht.

3 Trainingsplanung Mesozyklus

3.1 Grobplanung Mesozyklus

Tab. 4: Grobplanung Mesozyklus (eigene Darstellung)

Dauer	6 Wochen
Trainingsziel	Aufbau einer Grundlagenausdauer
Belastungsumfang/Woche	145 – 175 Minuten
Trainingsmethoden	Extensive Dauermethode (Ext. DM)
	Intensive Dauermethode (Int. DM)
	Variable Dauermethode (Var. DM)
Trainingsintensität	60 – 75 % Hfmax (extensiv)
	80 – 85 % Hfmax (intensiv)
	60 – 85 % Hfmax (variabel)
	50 – 60 % Hfmax (regenerativ)
Trainingshäufigkeit/Woche	3x wöchentlich
Dauer pro Trainingseinheit	40 – 90 Minuten (extensiv)

	40 – 45 Minuten (intensiv)
	45 – 55 Minuten (variabel)
	40 Minuten (regenerativ)
Trainingsgeräte	Laufband, Fahrrad, Crosstrainer

3.2 Detailplanung Mesozyklus

Tab. 5: Detailplanung Mesozyklus (eigene Darstellung)

Woche 1	Mo	Mi	Fr	Woche 2	Mo	Mi	Fr
Trainingsziel	GA1	GA2	GA1	Trainingsziel	GA1	GA2	GA1
Trainingsme-thode	Ext. DM	Var. DM	Ext. DM	Trainings-methode	Ext. DM	Var. DM	Ext. DM
Trainingsin-tensität	70 – 75 % Hfmax	75 – 80 % Hfmax	60 – 65 % Hfmax	Trainingsin-tensität	70 – 75 % Hfmax	75 – 80 % Hfmax	60 – 65 % Hfmax
Trainings-herzfrequenz (vgl. Tab. 6: Berechnung der Trainingsherzfrequenz (eigene Darstellung)	123,9 – 132,75 S/min	147,75 – 157,6 S/min	118,2 – 128,05 S/min	Trainings-herzfrequenz (vgl. Tab. 6: Berechnung der Trainingsherzfrequenz (eigene Darstellung)	123,9 – 132,75 S/min	147,75 – 157,6 S/min	118,2 – 128,05 S/min
Trainingsdauer	60 min	45 min	40 min	Trainingsdauer	65 min	50 min	45 min
Trainingsgerät	Fahrrad	Laufband	Cross-trainer	Trainingsgerät	Fahrrad	Laufband	Crosstrainer
Woche 3	Mo	Mi	Fr	Woche 4	Mo	Mi	Fr
Trainingsziel	GA1	GA2	REKOM	Trainingsziel	GA1	GA2	GA1
Trainingsme-thode	Ext. DM	Int. DM	Ext. DM	Trainings-methode	Ext. DM	Var. DM	Ext. DM
Trainingsin-tensität	65 – 70 % Hfmax	80 – 85 % Hfmax	50 – 60 % Hfmax	Trainingsin-tensität	70 – 75 % Hfmax	75 – 85 % Hfmax	60 – 65 % Hfmax
Trainings-herzfrequenz (vgl. Tab. 6: Berechnung der Trainingsherzfrequenz (eigene Darstel-	115,05 – 123,9 S/min	157,6 – 167,45 S/min	98,5 – 118,2 S/min	Trainings-herzfrequenz (vgl. Tab. 6: Berechnung der Trainingsherzfrequenz (eigene Dar-	123,9 – 132,75 S/min	147,75 – 167,45 S/min	118,2 – 128,05 S/min

lung)				stellung)			
Trainingsdauer	85 min	40 min	40 min	Trainingsdauer	65 min	50 min	45 min
Trainingsgerät	Fahrrad	Laufband	Crosstrainer	Trainingsgerät	Fahrrad	Laufband	Crosstrainer
Woche 5	Mo	Mi	Fr	Woche 6	Mo	Mi	Fr
Trainingsziel	GA1	GA2	GA1	Trainingsziel	GA1	GA2	REKOM
Trainingsmethode	Ext. DM	Var. DM	Ext. DM	Trainingsmethode	Ext. DM	Int. DM	Ext. DM
Trainingsintensität	70 – 75 % Hfmax	75 – 85 % Hfmax	60 – 65 % Hfmax	Trainingsintensität	65 – 70 % Hfmax	80 – 85 % Hfmax	50 – 60 % Hfmax
Trainingsherzfrequenz (vgl. Tab. 6: Berechnung der Trainingsherzfrequenz (eigene Darstellung)	123,9 – 132,75 S/min	147,75 – 167,45 S/min	118,2 – 128,05 S/min	Trainingsherzfrequenz (vgl. Tab. 6: Berechnung der Trainingsherzfrequenz (eigene Darstellung)	115,05 – 123,9 S/min	157,6 – 167,45 S/min	98,5 – 118,2 S/min
Trainingsdauer	70 min	55 min	50 min	Trainingsdauer	90 min	45 min	45 min
Trainingsgerät	Fahrrad	Laufband	Crosstrainer	Trainingsgerät	Fahrrad	Laufband	Crosstrainer

Tab. 6: Berechnung der Trainingsherzfrequenz (eigene Darstellung)

Faustformeln zur Vorhersage der maximalen Herzfrequenz (Hfmax) (ACSM, 1998; Kindermann, 1987; Schwarz, Schwarz, Urhausen, & Kindermann, 2002)
Hfmax (Laufen) = ca. 220 – Lebensalter (± 10 – 12 S/min)
Hfmax (Walking) = ca. 220 – Lebensalter (bei Untrainierten)
Hfmax (Fahrrad) = ca. 200 – Lebensalter (± 10 – 12 S/min)
ACSM-Formel zur Berechnung der Trainingsherzfrequenz (Thf) (ACSM, 2006)
Thf = Hfmax x Intensität in %

3.3 Begründung zum Mesozyklus

Die Begründung des Mesozyklus liegt den Trainingsprinzipien von Eisenhut und Zintl zugrunde (Eisenhut & Zintl, 2013). Der wöchentliche Belastungsumfang wurde nach dem Prinzip der Dauerhaftigkeit und Kontinuität gewählt. Laut Eisenhut und Zintl sind 3-4 Trainingseinheiten wöchentlich optimal. Dabei wurde darauf geachtet, dass die einzelnen Trainingseinheiten den zeitlichen Verfügungsrahmen der in Tab. 1 beschriebenen Person nicht überschreiten, die Anforderungen der einzelnen Trainingsmethoden erfüllen und trotzdem eine minimale Steigerung der Trainingszeit stattfindet, ganz nach dem Prinzip der progressiven Belastungssteigerung (Eisenhut & Zintl, 2013).

Die extensive Dauermethode eignet sich für Regenerationseinheiten, die maximal 45 Minuten dauern sollten (Hottenrott, 1997) und wurde deshalb bei diesen eingesetzt. Diesen Einheiten wurde eine eher geringere Intensität zugeordnet, damit es zu kaum einer Laktatausschüttung ins Blut kommt (Eisenhut & Zintl, 2001). Alle anderen Belastungsintensitäten liegen mindestens bei 60 – 65 % der maximalen Herzfrequenz und erfüllen somit das Prinzip des trainingswirksamen Reizes (Eisenhut & Zintl, 2013). Die extensive Dauermethode eignet sich ebenfalls, um den Fettstoffwechsel anzuregen und den Körperfettanteil zu senken (Hottenrott, 2006), was dem Ziel der Körperformung der in Tab. 1 vorgestellten Person entspricht. Ein weiteres Trainingsmotiv ist das Herz-Kreislauftraining. Die extensive Dauermethode kommt auch hierfür in Betracht, aber auch die intensive – und variable Dauermethode eignen sich dahingehend (Eisenhut & Zintl, 2001). Sie dienen zeitgleich der Abwechslung im Trainingsalltag und folgen somit dem Prinzip der variierenden Belastung (Eisenhut & Zintl, 2013). Dazu gehört auch das Variieren der Ausdauergeräte.

Um das Ausdauertraining effektiv zu gestalten sollte man möglichst häufig trainieren und erst anschließend den Umfang und die Intensität erhöhen (Eisenhut & Zintl, 2013). Da die Trainingshäufigkeit von dem in Tab. 1 vorgestellten Probanden vorgegeben ist, wurde der Umfang aus Woche 1-3 in Woche 4-6 um jeweils 5 Minuten erweitert, die Intensität folgt dem Prinzip des optimalen Verhältnisses von Belastung und Erholung und sollte innerhalb einer Woche mal hoch, mal niedrig und mal mittig eingestuft werden (Eisenhut & Zintl, 2013).

Die Trainingsherzfrequenz wurde mithilfe der ACSM-Formel (vgl. Tab. 6) errechnet und dient der individuellen Belastungsdosierung und erfüllt somit das Prinzip der Individualität und Altersgemäßheit (Eisenhut & Zintl, 2013).

Der Grundlagenausdauerbereich 1 (GA1) wurde gewählt, weil dieser sich im fitness- und gesundheitsorientierten Ausdauertraining optimal zur Erfüllung des Trainingsziels, des Aufbaus der Grundlagenausdauer, eignet. Auch zur Stabilisierung ist dieser Bereich annehmbar, mit dem Grundlagenausdauerbereich 2 (GA2) kann man diese Grundlagen- ausdauer anschließend auf ein höheres Level heben. Außerdem bevorzugt der GA2- Bereich unter anderem die intensive Dauermethode (Neumann et al., 2007, S. 131), was das Vorkommen dieses Bereiches in dem in Tab. 5 gezeigten Mesozyklus rechtfertigt. Das Regenerationstraining (REKOM) wurde gewählt, um die Regeneration zu unterstützen und die Belastbarkeit für nachfolgende Trainings zu erhöhen (Hottenrott, 2006; Neumann et al., 2007, S. 141).

4   Literaturrecherche

Tab. 7: Studien über die Effekte des Ausdauertrainings bei arterieller Hypertonie (eigene Darstellung)

	Studie 1 (Meißner, 2011)	Studie 2 (Westhoff, et al., 2008)
Wer hat die Studie durchgeführt?	Romy Meißner aus Grimma zur Erlangung des akademischen Grades Doctor medicinae (Dr.med.) unter Genehmigung der Ethikkommission der Charité Universitätsmedizin Berlin.	Timm H. Westhoff, Sven Schmidt, Viola Gross, Marian Joppke, Walter Zidek, Markus van der Giet und Fernando Dimeo im Namen des Journal of Hypertension.
Jahr der Publikation	2011	2008
Versuchspersonen der Studie	Patienten der Hochschulambulanz / Bluthochdrucksprechstunde Charité Berlin mit einem Blutdruck von systolisch > 140 mmHg und diastolisch ≤ 90 mmHg und einem Alter von ≥ 60 Jahren. Die Studie hatte 51 Teilnehmer und bestand aus zwei Gruppen. Eine Trainingsgruppe bestehend aus 24 Personen (13 Männer, 11 Frauen) und eine Kontrollgruppe bestehend aus 27 Personen (11 Männer, 16 Frauen). Die Probanden durften sich innerhalb der letzten 12 Wochen nicht sportlich betätigen. Weitere Ausschlusskriterien waren eine periphere arterielle Verschlusskrankheit, Aorteninsuffizienz oder Stenose höher als Phase I, eine Hypertrophe obstruktive Kardiomyopathie, Herzinsuffizienz, akute Ischämie, ein systolischer Blutdruck von über 180 mmHg oder eine Veränderung der Medikamenteneinnahme innerhalb der letzten 6 Wochen vor Studienbeginn.	Die Patienten mussten einen systolischen Blutdruck von mindestens 140 mmHg aufweisen oder sich in Behandlung bezüglich ihres Bluthochdrucks befinden. Die Patienten durften sich in den letzten 12 Wochen vor Studienbeginn nicht mehr als 60 Minuten pro Woche kontinuierlich sportlich betätigen. Weitere Ausschlusskriterien waren eine Aorteninsuffizienz oder Stenose höher als Phase I, eine Herzmuskelerkrankung, kognitives Herzversagen, unkontrollierte Herzrhythmusstörungen, systolischer Blutdruck von über 180 mmHg, akute Ischämie oder eine Änderung der Medikamente bezüglich des Bluthochdrucks innerhalb der letzten 6 Wochen vor Studienbeginn. Die Studie hatte 24 Teilnehmer, aufgeteilt in eine Trainingsgruppe (5 Männer, 7 Frauen) und eine Kontrollgruppe (6 Männer, 6 Frauen)
Versuchsaufbau	Zu Anfang wurden verschiedene Untersuchungen zur Ermittlung des Blutdrucks, der Herzfrequenz und der Laktatkonzentration im Blut durchgeführt. Diese beinhalteten ein Ruhe- und Belastungs-EKG, eine Laufband-Spiroergometrie, eine Langzeitblutdruck-	Zu Anfang und zu Ende der Studie wurde ein Ergometertraining der oberen und unteren Extremitäten, Bluthochdruckmessungen, Bewertung der Endothelfunktion und Messung der Gefäßwandelastizität durchge-

messung und eine Echokardiografie der Herzens. Dabei wurde die jeweils auszuhaltende Belastung mittels subjektivem Belastungsempfinden nach der BORG-Skala (vgl. Abb. 5: Skala des subjektiven Belastungsempfindens klassifiziert. Die Probanden der Trainingsgruppe trainierten dreimal wöchentlich auf dem Laufband für 12 Wochen nach einem Intervallschema. In den ersten beiden Wochen gab es eine Belastungszeit von 5x3 Minuten, in den darauffolgenden zwei Wochen 4x5 Minuten, in Woche 5 und 6 3x8 Minuten, in Woche 7 und 8 3x10 Minuten, in Woche 9 und 10 2x15 Minuten und in Woche 11 und 12 30 bis 40 Minuten. Zwischen den Intervallen wurde für jeweils 3 Minuten mit reduzierter Geschwindigkeit weiter trainiert. Die Kontrollgruppe führte kein spezielles Sportprogramm durch.

Zum Abschluss wurden dieselben Untersuchungen wie zu Beginn der Studie durchgeführt.

führt. Das Training selbst fand mit einem Arm-/Oberkörpertrainer namens MOTOmed viva 2 der Marke Reck-Technik statt und wurde dreimal wöchentlich für 12 Wochen nach einem Intervallschema durchgeführt. In der ersten Woche gab es eine Belastungszeit von 15x1 Minute, in der zweiten – 10x2 Minuten, in der dritten – und vierten – 8x3 Minuten, in der fünften – und sechsten – 3x6 Minuten, in der siebten – und achten – 2x12 Minuten, in der neunten – und zehnten – 2x15 Minuten und 1x30 Minuten in der elften – und zwölften Woche. Zwischen den Intervallen fanden 1-minütige Pausen statt. Die Kontrollgruppe führte kein spezielles Training durch.

| Ergebnisse und Schlussfolgerungen | Die Leistungsfähigkeit der Patienten aus der Trainingsgruppe hat sich während dem 12-wöchigen Training von 153,4 Watt (± 12,4 Watt) auf 197,7 Watt (± 11,1 Watt) verbessert. Der systolische Blutdruck sank durchschnittlich von 185,2 mmHg (± 5,7 mmHg) auf 153,8 mmHg (± 5,9 mmHg). Die Laktatkonzentration sank von 1,6 mmol/l (± 0,2 mmol/l) auf 0,9 mmol/l (± 0,04 mmol/l) und die Herzfrequenz von 111,4 S/min (± 3,7 S/min) auf 92,9 S/min (± 2,8 S/min). Auch das Belastungsempfinden gemessen an der | Der systolische Blutdruck wurde bis zum Ende des Trainings von 134,0 mmHg (± 20,0 mmHg) auf 127,0 mmHg (± 16,4 mmHg) gesenkt. Der diastolische Blutdruck ging von 73,0 mmHg (± 21,6 mmHg) auf 67,1 mmHg (± 8,2 mmHg) zurück. Die Füllung kleiner Arterien hat sich von 3,5 ml/mmHg (± 1,6 ml/mmHg) auf 4,8 ml/mmHg (± 2,0 ml/mmHg) verbessert. Regelmäßiges Ausdauertraining, den |

BORG-Skala sank von 11,9 (± 0,3) auf 8,4 (± 0,5).

Bei der Kontrollgruppe sanken die Werte bezüglich des Blutdrucks von 189,3 mmHg (± 5,6 mmHg) auf 167,1 mmHg (± 5,3 mmHg). Weitere signifikante Veränderungen waren nicht zu beobachten. All dies gibt Anlass zu behaupten, dass Ausdauertraining bei Patienten mit Bluthochdruck durchaus positive Auswirkungen auf den Blutdruck und die Herzfrequenz hat.

Oberkörper betreffend, führt also zu einer Senkung des Blutdrucks und zu einer besseren Füllung kleinerer Arterien.

6	
7	sehr, sehr leicht
8	
9	sehr leicht
10	
11	recht leicht
12	
13	etwas anstrengend
14	
15	anstrengend
16	
17	sehr anstrengend
18	
19	sehr, sehr anstrengend
20	

Abb. 5: Skala des subjektiven Belastungsempfindens (Borg, 1998)

5 Literaturverzeichnis

American College of Sports Medicine (ACSM). (1998). The recommanded quantity and quality for exercise for developing and maintaining cardiorespiratory and muscle fitness and flexibility in healthy adults. *Medicine Science and Sports Exercise* (30), S. 975-991.

American College of Sports Medicine (ACSM). (2006). *Resource Manual for Guidelines for Exercise Testing and Prescription* (5. Ausg.). Philadelphia: Lippincott Williams & Wilkins.

Borg, G. (1998). Borgs perceived exertion and pain scales. *Human Kinetics Champaign Il.*

Eisenhut, A., & Zintl, F. (2001). *Ausdauertraining. Grundlagen - Methoden - Trainingssteuerung* (5. Ausg.). München: BLV Sportwissen.

Eisenhut, A., & Zintl, F. (2013). *Ausdauertraining. Grundlagen, Methoden, Trainingssteuerung* (8. Ausg.). München: BLV.

Hottenrott, K. (1997). *Ausdauertraining: intelligent, effektiv, erfolgreich* (4. Ausg.). Lüneburg: Wehdemeier & Püsch.

Hottenrott, K. (2006). *Trainingskontrolle mit Herzfrequenz-Messgeräten.* Aachen: Meyer & Meyer.

Institut für Prävention und Nachsorge (IPN). (2004). *IPN-Test - Ausdauertest für den Fitness- und Gesundheitssport.* Köln: Institut für Prävention und Nachsorge.

Kindermann, W. (1987). Ergometrie-Empfehlungen für die ärztliche Praxis. *Deutsche Zeitschrift für Sportmedizin* (38), S. 244-268.

Mancia, G., Fagard, R., Narkiewicz, K., Redòn, J., Zanchetti, A., & Böhm, M. (2013). 2013 ESH/ESC Guidelines for the management of arterial hypertension. The task force for the management of arterial hypertension of the European Society of Hypertension (ESH) and of the European Society of Cardiology (ESC). *Journal of hypertension,* 1281-1357.

Meißner, R. (2011). Abgerufen am 18. Januar 2017 von http://www.diss.fu-berlin.de/diss/servlets/MCRFileNodeServlet/FUDISS_derivate_000000009658/Dissertation.pdf;jsessionid=7D2D0D601AD1D95A16E629A0DB739CDD?hosts=

Neumann, G., Pfützner, A., & Berbalk, A. (2007). *Optimiertes Ausdauertraining* (5. Überarb. Ausg.). Aachen: Meyer & Meyer.

Schwarz, M., Schwarz, L., Urhausen, A., & Kindermann, W. (2002). Walking. *Deutsche Zeitschrift für Sportmedizin, 53*(10), S. 292-293.

Trunz, E. (2001). *IPN-Test - Ausdauertest für den Fitness- und Gesundheitssport*. Köln: Institut für Prävention und Nachsorge.

Weineck, J. (2003). Ausdauertraining. Trainingssteuerung über die Herzfrequenz- und Milchsäurebestimmung. Balingen: Spitta.

Westhoff, T. H., Schmidt, S., Gross, V., Joppke, M., Zidek, W., van der Giet, M., & Dimeo, F. (2008). Abgerufen am 18. Januar 2017 von http://www.motomed.com/fileadmin/user_upload/Studien/bluthochdruck_de_vt _westhoff_motomed_1.pdf

World Health Organization. (2000). *Obesity: Preventing and Managing the Global Epidemic - Report of a WHO Consultation. Preventing and Managing the Global Epidemic.*

6 Abbildungs- und Tabellenverzeichnis

6.1 Abbildungsverzeichnis

6.2 Tabellenverzeichnis